**VENHA DESCOBRIR O QUE MICKEY E SEUS AMIGOS
FAZEM QUANDO ESTÃO DE FÉRIAS!**

© Disney

MICKEY E PLUTO ADORAM SE DIVERTIR JUNTOS. DESTA VEZ, ELES RESOLVERAM EMBARCAR NUM AVIÃO E SOBREVOAR OS LUGARES MAIS DISTANTES.

© Disney

MINNIE E MARGARIDA APROVEITAM
O TEMPO LIVRE PARA EMPINAR PIPAS.
OLHE QUE GRAÇA A PIPA DELAS!

© Disney

**OLHA O PLUTO BRINCANDO COM A BOLA!
É ISSO AÍ, PLUTO!**

© Disney

CORRA, PATETA!

**MICKEY E DONALD DECIDIRAM FAZER
UM PASSEIO DE BALÃO. UAU, QUE VISTA!**

© Disney

**MARGARIDA ENCONTROU PINTINHOS.
VEJA COMO ELES SÃO FOFOS!**

© Disney

QUANTAS FRUTAS, PATETA!

OS AMIGOS RESOLVERAM FAZER UM PIQUENIQUE!

© Disney

QUE FOTO LINDA!

OLHA O PASSARINHO!

© Disney

PLUTO FEZ NOVOS AMIGOS.

© Disney

MINNIE E MARGARIDA DECIDIRAM DAR UM PASSEIO DE BICICLETA.

**MICKEY E DONALD RESOLVERAM PESCAR!
QUE PEIXÃO!**

© Disney

CHEGOU A HORA DE IR EMBORA. SERÁ QUE OS MENINOS VÃO ENCONTRAR O CAMINHO DE CASA?
SIM, TOODLES ESTÁ COM ELES!

© Disney

ATÉ MAIS!

© Disney